CLÁUDIA A. FLOR D'MARIA

SOU INDÍGENA!

Ilustrações
RAQUEL TEIXEIRA

Copyright do texto © 2024 by Cláudia A. Flor D'Maria
Copyright das ilustrações © 2024 by Raquel Teixeira

Grafia atualizada segundo o Acordo Ortográfico da Língua Portuguesa de 1990, que entrou em vigor no Brasil em 2009.

Projeto gráfico e composição: Priscila Wu | Ab Aeterno
Revisão: Bonie Santos e Renata Lopes Del Nero

Dados Internacionais de Catalogação na Publicação (CIP)
(Câmara Brasileira do Livro, SP, Brasil)

D'Maria, Cláudia A. Flor
  Sou indígena / Cláudia A. Flor D'Maria ; ilustrações Raquel Teixeira. — 1ª ed. — São Paulo : Companhia das Letrinhas, 2024. — (Coleção Canoa)

  ISBN 978-65-5485-049-0

  1. Literatura infantojuvenil I. Teixeira, Raquel. II. Título. III. Série.

24-207122   CDD-028.5

Índices para catálogo sistemático:
1. Literatura infantil 028.5
2. Literatura infantojuvenil 028.5

Aline Graziele Benitez — Bibliotecária — CRB-1/3129

Todos os direitos desta edição reservados à
EDITORA SCHWARCZ S.A.
Rua Bandeira Paulista, 702, cj. 32
04532-002 — São Paulo — SP — Brasil
☎ (11) 3707-3500
www.companhiadasletrinhas.com.br
www.blogdacompanhia.com.br
/companhiadasletrinhas
@companhiadasletrinhas
/CanalLetrinhaZ

A marca FSC® é a garantia de que a madeira utilizada na fabricação do papel deste livro provém de florestas que foram gerenciadas de maneira ambientalmente correta, socialmente justa e economicamente viável, além de outras fontes de origem controlada.

Esta obra foi composta em Baloo 2 e impressa pela Gráfica HRosa em ofsete sobre papel Alta Alvura da Suzano S.A. para a Editora Schwarcz em agosto de 2024

Dedico meus escritos a todas as crianças indígenas e não indígenas, nutrida de esperança de que juntas poderão cuidar, como boas filhas, de nossa Mãe Terra.

xamã, pajé.

SIM.

Não ando só.
Sou guiada
pelos encantados,
meus Caruanas
herdados de minha avó.

Caruanas: entidades/espíritos da floresta que têm o dom da cura

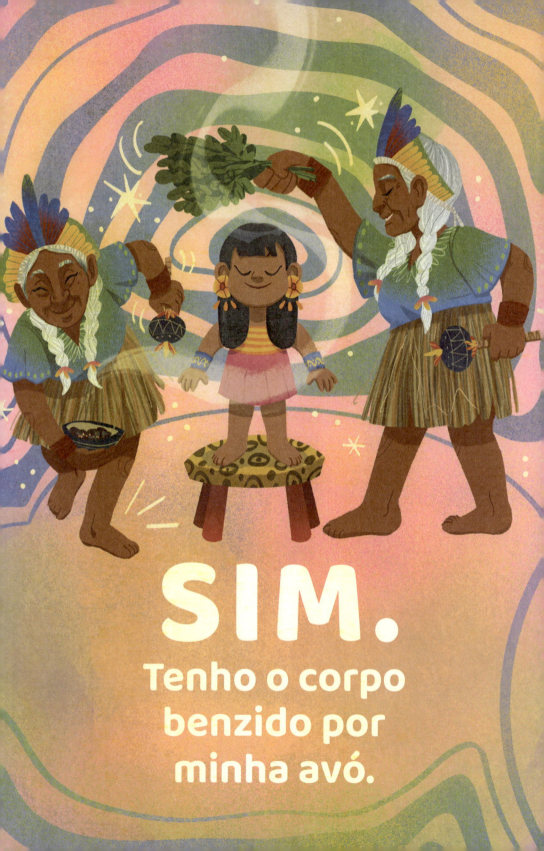

SIM.
Converso com yby, yacy, ybitu, amanay, kûara...

yby: Terra

yacy: Lua

ybitu: vento

amanay: chuva

kûara: Sol

SIM.

Sou
Itaquera,

Tucuju,

Aruana,

Tupinambá,

Karipuna,

Palikur,

Galibi
Marworno,

Aparay,

Wayana,

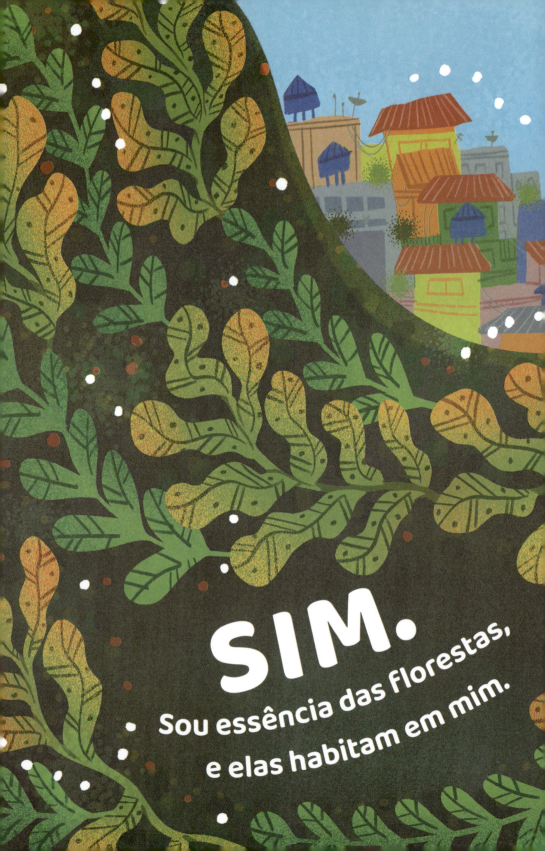

Pachamama: Mãe Terra

CLÁUDIA A. FLOR D'MARIA é bisneta, neta e, por parte de mãe, filha indígena do povo Itaquera/Itakuera da Amazônia brasileira, no Pará. É graduada em Letras pela Universidade Federal do Pará e mestra e doutora em ensino pela Universidade do Vale do Taquari. Professora do Instituto Federal do Amapá, faz parte do Mulherio Nacional das Letras Indígenas. Iniciou sua carreira de escritora com o livro de crônicas *Remanso das águas* (2013), que ganhou o prêmio Simãozinho Sonhador. Fez parte do livro *Álbum biográfico: Guerreiras da ancestralidade*, vencedor do prêmio Jabuti em 2023 na categoria Fomento à Leitura.

RAQUEL TEIXEIRA é manauara, indígena e ilustradora. Formada em design pela Universidade Federal do Amazonas, trabalha com ilustração, histórias em quadrinhos e animação audiovisual desde 2017. Participou da HQ *Mizuras* (Coletivo Iukytáias) com a história "Ipauaçu: Grande Lago" e concorreu a diversos prêmios por ela. Raquel também é autora de duas histórias de *Causos de visagens para crianças maluvidas* (Quadrinistas Indígenas, 2022), obra indicada ao 35º Prêmio HQ Mix, e do livro infantil *Yara e as cores* (Leiturinha, 2023).